El amor en cuatro estaciones.

En este trabajo el autor consigue hacer una analogía entre las cuatro estaciones del año y las etapas por las que una relación de pareja puede pasar, pero con la peculiaridad de expresarlo en poemas.

Es el amor tan natural como lo son las estaciones del año. El autor asegura que, como parte de este planeta, el comportamiento humano tiene las mismas reacciones y cambios que la madre naturaleza. *"Estamos formados con las mismas piezas con las que está formado nuestro mundo, por qué tendríamos que ser tan distintos".*

Sin embargo, somos los del privilegio de tener consciencia y, a partir de ello, de imaginar y crear. Pero el proceso creativo de un poeta surge de la necesidad del amor, es el combustible requerido para que exprese todo aquello que pareciera no poderse contener. El poeta ve la vida desde otro ángulo, a veces diera la impresión de mantenerse en una dimensión distinta a los demás, como si viera al mundo, no desde una ventana, si no como lo haría el viento.

El poeta siente distinto, sus sentidos están siempre a flor de piel, siente más cuando toca, los aromas son mucho más intensos para él, los sonidos se separan y se vuelven a unir en su mente y así, los colores los integra en su cabeza como un paisaje, de ahí que al hablar, habla claro, siempre utilizando el orden y la misma lógica con la que funciona el mundo. Algunos dicen que son almas viejas, es posible que sólo están más integrados a la naturaleza.

El poeta requiere de expresarse, no entiende su vida de otra manera, no podría sentirse bien si no lo hace, pero el poeta necesita de ese alguien, así como el autor lo hace ver en el siguiente poema.

¿Por qué te necesito?

¿Por qué te necesito?
Porque me has vuelto poeta,
tu presencia en mi vida exacerba
mis sentidos de tal manera
que se desbordan en tinta y papel.

Te necesito
porque vuelves de mi sentir
una innumerable cantidad de letras
que se vuelven palabras
y frases que intentan describirte
o describirme en otro plano.

Te necesito
porque sin ti, estaría en silencio.

Prólogo

"¿Será que Dios es el poeta más importante de todos los tiempos?"

Esta profunda frase, fragmento de un párrafo que más adelante se revelará y que fue pensado, sentido y expresado por nuestro joven, ilustre y admirado poeta mexicano Oscar Mauricio Farias Hodges, nos abre quizás su devoción al inmenso amor que ha derramado nuestro creador al darnos su imagen y semejanza para hacernos capaces de sentir aquel impulso que lo llevó al escribir, como un detalle, a la edad de 14 años cuando cursaba el segundo año de secundaria en el Colegio Mentor Mexicano, su primer poema a su primera novia.

Él nos comenta que le gustó mucho, a su primer amor, no sólo el detalle sino, digo yo, el toque de caricia que seguramente le dirigió al corazón de su amada, porque dice que entonces le escribió otro.

Nació en la Ciudad de México el 24 de octubre de 1972, su padre el Dr. Roberto Farias Martínez y su madre Elia Eugenia Hodges Farias, sus hermanos Elia, Roberto, Xavier, Isabel y Elizabeth, sus hijos Ana Paula y Oscar Mauricio y es residente de la ciudad de Tijuana desde 1974.

Dime tú.
¿Cómo saber si esos
ojos que anoche vi
son los precisos?

Con estas gotas de luz y de pasión logramos sentir, con su voz de oro, su alma derramando en la nuestra, que nos parecería que su actividad actual que consiste en el orden de lo contable y financiero en la iniciativa privada, específicamente en el ramo de los alimentos, no fuera al ritmo de la melodía de su alma.

Dime tú.
¿Cómo saber
si esa cintura de flores
es la que ha de adornar
mis días?

"El amor en cuatro estaciones". Se ha dicho de ella lo siguiente: Encontramos que su obra literaria, además de ser una propuesta con alto nivel artístico, se aliena perfectamente al propósito de "Obras literarias de alta calidad transmitidas a la sociedad en grandes cantidades para crear un mundo mejor".

Dime tú,
¿Cómo saber si eres
la precisa, la exacta,
si eres el tacto,
el aroma, el paraíso
que he soñado?

Nos dice el poeta que "en todo este tiempo seguía escribiendo poemas, encontré en esta actividad una manera de desahogar mis ansias, me encerraba a escuchar música y en soledad escribía para sentirme mejor, lo cual sucedía, y los poemas seguían en mi vida en todas las actividades que he realizado, siempre han estado presentes".

La forma inminente del pensamiento y del sentimiento de Mauricio Farias Hodges genera fruto de poemas con exquisita finura que esparce el polvo de oro de las alas de su canto en cada uno como un artesano de orfebrería literaria, que perfecciona los rasgos de nuestra propia fisionomía.

Mauricio Farias Hodges desde hace varios años ha venido haciendo presentaciones literarias en las escuelas, y lo ha hecho con varios propósitos, entre los que destacan el hacer renacer un culto que parecía muerto, impulsar el espíritu que es un eterno creador de energía imperecederas, una fuente inagotable de inmortalidad y renovación; consagrar inteligencia y cariño para que viva siempre el arte en el corazón humano; mostrarse como hombre que ríe, llora, ama y vive intensamente buscando y creciendo en el equilibrio, la ponderación y la gracia divina; sabe que necesitamos insistir en las nuevas generaciones de jóvenes el mantener el idioma castellano pegado al tronco por donde la sabia sube, la literatura clásica copiosa, robusta y sublime, la cultura superior que es en sí misma la flor que se cristaliza en obras bellas.

El amor al arte es una inteligencia que se abre a la luz como una corola al día que va de mundo en mundo despertando el poético crespúsculo que da vida a la pureza de nuestro niño interno.

El amor al arte es más que aurora de un triunfo, es el advenimiento del hombre, es la entrada del espíritu en la vida.

Así mismo nos relata en forma poética:

"Una señal para seguir adelante, alguien me agradeció mis humildes palabras de amor, porque ellas le dieron la esperanza de que el amor existe, que se puede ser romántico en un mundo con tantos problemas, ahí entendí que eso era algo que no me pertenece, le pertenece al mundo, siempre podemos dar algo, no importa en la situación en que se esté, siempre se puede dar algo a los demás y esto es lo que me toca hacer.

La poesía no es sólo cosa de escribir cosas bonitas, es una manera de regresarle a la humanidad, la esencia buena que existe en cada persona, es un propósito mucho mayor que el poeta mismo. La poesía es una misión, es una llave que abre todos los sentidos y te conecta con la naturaleza, nos sintoniza de nuevo con el universo, nos ayuda a entender el milagro de la vida, ¿será que Dios es el poeta más importante de todos los tiempos?"

Profr. Daniel Hierro de la Vega
Presidente del Consejo Rector
Colegio Mentor Mexicano

PRIMAVERA

Aviso de ocasión

Solicito administradora,
tengo el archivo de mi vida hecho un desastre,
la bodega de los detalles es un desorden,
en mi corazón se albergan un sinfín de conflictos
que parecen no tener remedio.

Los requisitos son los siguientes:
deberá tener unos ojos de mirada profunda,
dulce, con calidez casi maternal,
de labios carnosos, piel suave,
manos tersas, cabello bien cuidado,
cintura marcada y una sonrisa encantadora;
su aroma es importante, su química y la mía
deberán reconocerse de inmediato.

Necesito que el inventario de besos
se someta al sistema "*just in time*",
para que estén disponibles en el momento
que se necesiten, que no falten,
que no me digan "vuelva más tarde",
"no han llegado" o "vienen en camino".

En los cajones deberán archivarse los abrazos,
los cortos, esos que son fríos,
que se dan por compromiso, sin sentimiento,
esos los puedes dejar en el cajón más lejano,
a un lado de las cosas olvidadas.

Los abrazos fraternales hay que tenerlos a la mano,
deberán ponerse en las gavetas
que se encuentran a la pasada,
por si llega algún pariente o un gran amigo,
poderle ofrecer uno al entrar y otro al despedirse.

Los mejores, esos que se sienten mucho,
en los que la piel parece comunicarse,
en donde ambas humanidades se fusionan
y se vuelven inseparables, esos los deberá
cargar en el maletín que trae a la mano,
también en su cartera, en la bolsa de la camisa,
en el llavero, otro escondido bajo la pulsera
o el anillo que nunca se quita,
deberán estar siempre disponibles
para cuando el ánimo comience a decaer,
y así, mi energía se mantenga saludable.

Deberá recordarme todos los días
lo importante que es ser feliz,
tener una mente revolucionaria
pero que no sea conflictiva,
ser lo suficientemente vulnerable
para dejarse sorprender por un atardecer,
por el canto de las aves, por el aroma del mar,
o el hecho de poder despertar cada día.

Dentro de sus habilidades,
debe ser ordenada, para que el cariño
no se desborde en un sólo instante,
con la paciencia necesaria para no
desesperarse ante los cambios
repentinos de mi carácter,
debe entender cómo fluye mi energía,
perdonar de antemano mi pasado
y hacerse el firme propósito de vivir,
de manera intensa, el presente.

Por favor presentarse con solicitud llena,
registrarse con un abrazo,
portar su mejor sonrisa, la más natural,
y frente a una copa de vino,
estar dispuesta a sonreír en abundancia,
prepararse para una velada extraordinaria
durante la entrevista.

Ella

- ¿Y cómo es ella?, preguntó la luna.

Bueno, qué te puedo decir.
Cuando aparece lo ilumina todo,
su gesto siempre amable
pareciera que da vida, al menos a mí.

- ¿Parece que es alguien muy especial?

Lo es, es ella. Es difícil describirle.
Es pequeña, pero grandiosa,
su rostro es como un amanecer,
un paisaje del que no quieres
alejarte, del que no quisieras huir.

- Pero ¿qué es lo que la hace tan especial?

No lo sé, creo que todo, ella así fue hecha,
especial, diferente, suficiente, extraordinaria.
No se parece a nadie, sólo es ella,
es como una flor, como la tierra, como el aire,
ella es quien es y se lo agradezco.

- Pero ¿ella te quiere?

Mucho, no sé cómo, pero me quiere mucho.
Esas cosas se sienten, se saben, los ojos hablan
mucho más que las palabras, me quiere lo sé,
la quiero, lo sabe, lo saben todos,
pero no decimos nada, nadie dice nada.

- ¿Y qué pasará, así seguirán siempre?

No lo sé, ella decidirá si me quiere así siempre,
o cambia y me quiere diferente.

A veces me emocionas

A veces me emocionas,
me entran las ganas de vivir
a tu lado una historia de amor,
un cuento tierno, donde abunden
los besos, las caricias, las risas,
las palabras que forman frases suaves.

A veces me emocionas,
siento ganas de entrar en tu vida,
de abrir la mía y dejarte pasar,
de cubrirte de mi entorno,
mezclarlo con el tuyo.

A veces me emocionas,
me dan ganas de vivir contigo
la mejor de las aventuras,
compartir los momentos
que el ajetreo cotidiano,
las responsabilidades,
el trabajo y los hijos nos permitan.

A veces me emocionas
de tal manera que mi alma
siente un gran impulso por acercase
a la tuya, mi cuerpo desea al tuyo,
mis ideas quieren platicar con las tuyas,
mi humor desea probar el tuyo,
mis labios quieren tocar los tuyos,
deseo ser tuyo, eso me pasa a veces
y me emociono.

No te conozco

No te conozco y sin embargo te veo,
en esa mirada que dice tantas cosas,
que dice como se te va el aire frente
al atardecer, frente al río que canta,
frente a lo que nadie se fija, pero tú.

No te conozco y entiendo lo que te pasa
los domingos cuando la nostalgia
se ensaña contigo, algo sucede,
algo falta, extrañas esa mano, el abrazo,
el sonido de los duendes que jugaban
cuando eras aún una niña,
cuando te sentías sola en tu mundo.

No te conozco y entiendo esa sonrisa
que se asoma temerosa, esa sonrisa
que tiene ganas de estallar en carcajada,
en una alegría que te hace falta vivir,
en un júbilo que pocos entienden,
no te conozco, sólo te reconozco.

A veces

A veces un sueño
es más simple de lo que pensamos,
un sueño son unos ojos, una mirada,
unas manos que se entrelazan,
un cuerpo que se recarga a otro.

A veces un sueño
es más simple de lo que pensamos,
es hablar por horas y entendernos,
es terminar un momento con un beso,
con una palabra amable, con una frase corta,
con un te quiero que significa más que eso.

A veces un sueño
es más simple de lo que pensamos,
es aprovechar los momentos juntos,
como observar un atardecer,
planear lo que viene con esperanza,
imaginar un futuro aprovechando
siempre el presente, sonriéndonos.

A veces un sueño
es más simple de lo que pensamos,
es construirnos, hacer de nosotros
lo que siempre soñamos, lo que pensamos,
la realidad que queremos vivir.

Beso inconcluso

No sé si este beso que te debo
tenga fecha de caducidad,
no sé si se desvanezca
con el transcurso de los días,
si se derrame por la ausencia,
si se evapore bajo el calor
que no me di el tiempo de apagar.

¿Será que esos labios se cansen
de esperar para proseguir
y terminar el beso inconcluso?,
¿será que tengan prisa
y yo pasmado no alcance
a saciar esas ganas que tienes,
esas ganas que dejé pasar?

Valga desperdicio si eso sucede.

.

Del aroma de tu piel

Del aroma de tu piel
resalta el sabor de tu cuerpo,
que estalla en mi alma la sensación
de estar de tu cariño preso.

Del aroma de tu piel
se funde un sueño, un anhelo
de compartir contigo todo el tiempo,
todo aquello que soy y que seré.

Del aroma de tu piel
se graba en mi alma un recuerdo
que me acompaña en todo momento,
que se impregna en todo mí ser.

Del aroma de tu piel
respiro y siento
que el destino es bueno,
que nada mejor puedo merecer.

Dime tú.

¿Cómo saber si esos
ojos que anoche vi
son los precisos?

¿Cómo saber si esa sonrisa
que me pareció
encantadora
es la exacta?

¿Cómo saber
si esa cintura de flores
es la que ha de adornar
mis días?

¿Cómo saber si
esa voz que cambia
al entrar en contacto
con un verso
es el ritmo de mis horas?

¿Cómo saber si eres
la precisa, la exacta;
si eres el tacto,
el aroma, el paraíso
que he soñado?

Dime tú, cómo.

Y qué

¿Y qué si es tu cuerpo el que deseo,
y qué si es la carne,
la piel, el tacto, el beso, el pubis,
la rabadilla, la espalda, tus senos dulces,
tus labios que me encantan, ese par de mejillas,
el cuello, el abdomen, las manos,
las rodillas, esa cicatriz, tus nalgas,
tus muslos, y el aroma a ti, ese aroma
tan tuyo que me vuelve loco,
que me hace soñarte, pensarte,
y desearte tanto como lo estoy haciendo?

¿Y qué?

Hoy

Hoy habría querido platicar contigo,
no pude, las hojas cayeron
a pesar de estar en primavera.

Me habría encantado charlar contigo
de lo que eres, que es tan parecido
a lo que siempre he sido.

Esta noche no alcancé
a hurgar en ese sendero
que son tus ideas y las mías.

Qué pena haberme distraído
en tan vanas cosas como el trabajo,
si pudiera atenderte, verte, escucharte.

Hoy me habría encantado soñarte,
imaginar que será tenerte cerca,
mirarte a los ojos y descubrirte, entenderme.

Hoy no pude, mañana tal vez sea.

No es tu cuerpo el que quiero

No es tu cuerpo el que quiero,
no es esa hermosa forma que tanto me gusta,
ni siquiera los labios de anchas comisuras,
no son tus manos suaves, tranquilas.

No es tu pelo negro cuando lo tienes negro,
no son tus ojos que me han visto como nadie,
no es tu vientre en el que me recargo,
no es tu cuerpo el que deseo.

Eres tú, lo que eres,
tu esencia, toda esa parte que no se ve,
que conozco como nadie,
que he vivido como nadie,
que descubrí como un tesoro,
que estaba frente a mí, frente a todos,
que pocos han podido entender
el privilegio que es estar a tu lado.

No me hace falta nada

No es que no pueda estar solo,
qué tiene de malo buscar
en esta ventana,
en la noche sin luna o con ella
las caricias de ese cuerpo
que no pide nada a cambio,
únicamente una mirada
en donde se vea todo lo que somos.

No es que me haga falta
una caricia desgarradora,
ni el aliento cercano,
ni el respiro que brota
de la punta de los dedos,
del calor de esa espalda perfecta,
de las líneas que forman
los montes que alimentan
las ganas de vivir.

No es que me haga falta nada,
es que me sobran en estas manos
los caminos por recorrer,
se desbordan de mí las ansias
por esos labios, por el respiro
lento, pausado, tranquilo
sobre la piel suave, transparente,
no me hace falta nada,
me sobran ganas, ganas de ti.

Nuestra charla

A veces extraño tu voz
que es dulce, es suave,
es como el canto del ave,
como la caricia del aire,
como las mañanas sin miedo.

A veces tu charla me tranquiliza,
siento paz, los fantasmas
que me invaden se paralizan
y dejan de parecer perpetuos,
agonizan frente al timbre
melódico con que emites las palabras.

A veces te imagino sonriendo
como se le sonríe al cielo,
con los ojos llenos de luna,
haciendo un momento tierno,
donde escuchemos nada,
sólo seremos tu y yo,
sin tiempo, sin distancia,
disfrutando esa música suave
que se forma con nuestra charla.

Nuestro beso

Hoy escribiré por ti,
por ese beso que después
de tanto tiempo nos hemos dado.

Hoy seré intrínsecamente inspirado
por el recuerdo que debí haber tenido
y que nunca tuve, pero hoy lo viví,
un beso, el tuyo, nada más tuyo, de nadie más.

Hoy le escribo a esos labios que por fin pruebo,
ese abrazo que hace medir entre tus manos y las mías
si realmente estamos hechos a la medida,
si antes de pensar en la química, somos o no somos.

Hoy escribí por ti, porque al fin se unieron,
aunque solo por probar, nuestros labios;
no sé si tenga importancia, fue sólo un beso,
pero, por cierto, ese beso, me gustó.

Pienso en ti

Pienso en ti más de lo que debiera,
en el tránsito continuo del tiempo,
en cada hora, minuto a minuto,
segundo a segundo estás ahí.

Pienso en ti más de lo que puedo,
porque ya lo hago inconsciente,
sin la solicitud expresa
de mi deseo por estar a tu lado,
lo hago sin saber por qué y para qué.

Pienso en ti más de lo necesario,
debiera también pensar en otras cosas,
pero acaparas el día y la noche,
me despojas sin saberlo de mi vida,
te has adueñado de ella, la haces tuya,
me conviertes en parte de tus activos
y lo más curioso es que lo acepto con gusto.

Posibilidades

¿Y si caminamos de la mano?
No estaría mal,
tal vez podrías sostenerte
en los tropiezos.

¿Y si te acercas un poco más a mí?
Podrías descansar en mi pecho
cuando el agobio cotidiano
se haga presente.

¿Y si un día me besas?
Podías calmar las ansias naturales,
después de todo es algo necesario.

¿Y si haces todas estas cosas?
Es posible que nunca te suelte,
que siempre esté para ti,
que te conviertas en mi vida,
es muy posible.

Siempre es bonito soñar contigo

Siempre es bonito soñar contigo,
es una linda sensación, es agradable,
esto hace que me despierte de buen humor,
que al día siguiente salude mejor,
sonría más, me fije en los detalles.

Siempre es bonito soñar contigo,
esto hace que la cena y el desayuno
me caigan de maravilla,
es sentirte lo quieras o no,
me encanta que el subconsciente
haga de las suyas y te traiga a mí.

Siempre es bonito soñar contigo,
es como ver una buena película
en donde actuamos tu y yo,
es recordar sin querer,
sin tener el control de ello,
pero igual es algo muy bello.

Siempre es bonito soñar contigo,
porque te siento tan cerca,
es como si estuvieras a mi lado,
es sentir de nuevo tu piel,
respirarte, tener tu abrazo,
si te soñara todas las noches,
seguro me la pasaría dormido.

Sólo un poco

No entiendo por qué
te cuesta tanto decirme
que me quieres,
no creo que sea muy difícil,
a estas alturas ya deberías
de sentir más que un aprecio,
o una simple empatía hacia mí.

Puedes querer el día y a la noche,
a un perro o a la golondrina
que avisa el cambio de estación,
quererme no significa mucho,
lo que pasa es que tienes miedo,
te aterra el pensar que eso
abra una puerta muy grande,
que eso te haga descubrir
que existe la gran posibilidad
de que llegues a amarme.

Yo confieso que te quiero un poco,
me gusta pensarte, saberte cerca;
te quiero estoy seguro,
si te quiero un poco,
a veces te imagino de mi mano,
otras recostada sobre mi muslo,
tranquila soñando al ver al cielo,
creo que eso es quererte,
pero no pasa nada, es sólo un poco.

Te invito a pasar esta tarde conmigo

Te invito a pasar esta tarde conmigo,
nos tomaremos un café,
tal vez leamos un poema
mientras te recuestas en mí.

Te invito a pasar esta tarde conmigo,
a reírnos un poco de nada,
hablar de lo que sea,
cualquier tema nos sirve
siempre y cuando tenga
como conclusión un beso.

Te invito a pasar esta tarde conmigo,
a compartir nuestras manos curiosas,
dejarlas trazar, explorar el camino
que mis labios han de recorrer
con todo cuidado.

Te invito a pasar esta tarde conmigo,
a confundirte entre mis cobijas,
mientras la lluvia nos canta,
mientras el cielo nos hace sombra.

Te invito a pasar esta tarde conmigo,
el viento está fresco, húmedo,
los grises en el cielo
son del color perfecto,
hacen juego con tu piel
hoy más que nunca.

Te invito a pasar esta tarde conmigo....

Te podría querer tanto

Te podría querer mucho,
saltar de la rutina diaria
y sorprenderte cada vez
que pueda con un beso.

Te podría tomar de la mano
y emprender el camino
diario hasta el final de mis días,
hasta que el último respiro
inminente se haga presente.

Te podría abrazar tanto
que no alcanzarías a entender
de qué se trata todo esto,
sólo pensarás que soy aire
en el atardecer de la vida.

Te podría ver a los ojos
sin soltar por un segundo
el anhelo divino que eres,
hacerte ver que me sorprendes
a diario con la sonrisa única
que mejora mi mundo.

Podría quererte tanto, tanto,
sólo es cuestión de que digas que sí.

Un beso te pido

Un beso te pido,
nada más, sólo un beso
sólo un momento en que tus labios
se unan a los míos.

Sólo un beso te pido,
una prueba de lo que se puede sentir,
de lo que tus labios me pueden dar,
y lo míos te pueden ofrecer.

No pasa nada,
es un simple beso,
igual y ahí queda,
a lo mejor me vuelvo tuyo,
igual y te vuelves mía,
tal vez nos volvamos de ambos,
pero igual y no.

¿Qué es un beso en estos tiempos?
se dan gratis, se cobran, se dan porque si
y porque no, entonces, ¿por qué no?
para qué quedarnos con el disgusto
de no darnos el gusto.

Aun así, seguiremos siendo
buenos amigos, o ¿no?

Un día en tus labios

Habría que pasar un día en tus labios,
instalarme durante horas en ellos,
conocer su textura, el aroma único,
no darle tregua al descanso;
llevan demasiado tiempo solos
y merecen un día de amor.

Habría que pasar un día en tus labios,
tal vez así entiendan lo especial
que pueden ser, que son el pétalo
nacido de la tierra, el agua y el sol;
son semilla y fruto de la vida.

Habría que pasar un día en tus labios,
arráncales de tajo los malos recuerdos
y enseñarles una nueva historia,
un camino distinto donde impere
la expresión alegre con que me has visto.

Habría que pasar un día en tus labios,
porque es en el silencio de un beso
el lugar donde se escuchan los ángeles,
en donde el cielo te envuelve
para dejarnos solos, ahí no hay espacio
para nadie más, para nada más.

Habría que pasar un día en tus labios,
para poder hacer una tregua
con el camino diario por el que paso,
donde nada nos toque.

Habría que pasar un día en tus labios,
un día en ellos me permitiría ver el sol,
un día sólo para mí, donde nada me importe,
un día le pido a tus labios para entender
que vale la pena sentirse vivo.

¿Por qué te quiero a ti?

¿Por qué te quiero a ti?
Te lo preguntarás una y otra vez
y te diré porque mi corazón
quiere quererte.

No espero que lo entiendas,
que pienses si a ciencia cierta
hay algo en especial que me hace
sentir lo que siento por tus ojos,
por todas esas cosas que eres.

Te quiero es muy cierto,
tan cierto como lo es el aire,
como lo es la tierra misma,
como el tiempo que pasa,
que pasa intransigentemente.

Te sueño y me tienes despierto,
atento de lo que pasa por tu vida,
quiero quererte como nadie,
deseándote siempre, tanto
como la realidad que vivo hoy.

¿Sabes qué divertido estar contigo?,
soy como un niño en el parque
cada vez que estoy a tu lado,
juego, rio, sueño, pienso tantas cosas;
la vida se vuelve interesante, juntos.

Y yo sé, estoy seguro que ahora,
e inevitablemente, en otro momento,
te seguirás preguntando igual,
¿Por qué te quiero a ti?,
te seguiré contestando lo mismo,
porque mi corazón quiere quererte.

Codependencia

¿Qué puedo decir de ti?,
describirte es un atrevimiento
al que no puedo acceder,
no habría palabras,
las ideas serían insuficientes,
todo sería insuficiente.

Entiendo que la carne es la carne,
las ganas de un respiro cercano
se hace presente siempre,
el tacto cotidiano y el de la pasión,
es básicamente inevitable
si estuvieras tan cerca como quisiera.

No me importaría enfermarme
de eso que llaman codependencia
emocional, bueno ¿qué es eso
frente al amor?, claro que podría
vivir sin ti, pero prefiero no.

Si estar a tu lado me hace tanto bien,
si todo es mejor cuando estoy contigo,
entonces sí, me declaro clínicamente
enfermo de esas cosas y otras más.

No quiero enamorarme de ti

No quiero enamorarme de ti,
no porque sé que perderé la cabeza,
no quiero porque me harás andar
por las avenidas pintando las fachadas
con la imagen de tu rostro.

No quiero enamorarme de ti,
no porque sé que el resto del mundo
dejará de importarme, se hará más pequeño,
sólo cabrá la figura que te envuelve perfecta,
el cielo ya no será cielo sólo existirán tus ojos.

No quiero enamorarme de ti,
no porque sé que el mar dejará de ser impresionante
cuando tu estés ahí, cuando ya nada me importe,
cuando nada logre distraerme de tu recuerdo.

No quiero enamorarme de ti,
no porque no habrá flor que emita un perfume
tan maravilloso como el tuyo,
el aire no servirá de nada si no sabe a ti.

No quiero enamorarme de ti,
porque al hacerlo perderé la razón,
mis instintos morirán en tu presencia,
tu nombre será el más hermoso,
tu voz la mejor de las melodías,
la vida será vida sólo cuando estés tú.

No quiero enamorarme de ti,
y sin embargo, creo que ya lo estoy haciendo.

VERANO

Si Dios me diera la oportunidad
de crear a una mujer

Si Dios me diera la oportunidad
de crear a una mujer,
usaría el sol para construir su mente,
fuente de todo lo que existe,
equilibrio de todo lo que vemos,
de todo lo que soy y seré.

Para forjar esas formas exactas,
la piel pues, usaría la luna,
porque así cuando no esté conmigo,
me bastará buscarla y recordarla,
pensarla, soñarla y escribirle.

Se me antojaría traerme un par de estrellas,
para que me mire como a nadie,
para que en las noches siga mis pasos,
entender que, aunque el cielo se nuble,
ella estará ahí, brillante como siempre,
espectacular, única, solemne, bella.

Tal vez me tome un universo,
quizás utilice la fuerza de los árboles
para transformarla en su alma,
utilizaría la tierra para darle firmeza
a sus convicciones, al temple,
al porte de reina, mi reina.

Si Dios me diera la oportunidad
de crear a una mujer,
me faltarían tantos elementos,
nada me alcanzaría, sólo Dios
es capaz de tal hazaña,
porque si me diera la oportunidad
de crear a una mujer
haría todo el esfuerzo
para que se pareciera a ti.

Amanecer

A qué sabrán tus labios,
serán como los imagino,
como un durazno en su punto,
dulces como la fruta madura,
frescos como la brisa,
bellos como la luna de esta noche.

Y tus manos a las que quisiera
aferrarme como un ancla,
como la raíz de ese árbol viejo,
a la vida, a la de ambos,
al universo de tus días.

Pienso que tu cintura
debe ser como el viento
para las aves,
como el cielo
en donde todo
se ve más claro,
donde puedo sentirme libre.

Tu cuerpo de tierra fértil
para el que quiere sentirse vivo,
como el campo lleno de estiércol
que nos regala el fruto de lo más dulce,
donde las aguas de vida
se prueban al bajar al pozo
en que te haces mujer más bella.

Nada podría darse
para que satisfaga mi sed
de tenerte entre estos brazos,
en donde nuestras pieles
se confundan por estar así,
mezclándose, dándose,
como si el mundo terminara

después de esa noche
en que las estrellas
nos han de regalar
todos los besos que me alcance
hasta amanecer así, desnudos.

Mi inexistencia

Qué fuerza la de este amor,
qué temperamento tiene
el mundo para someter a mi cuerpo
a tan aniquiladora sensación.

Rompe con todo lo anterior,
con el andar tranquilo,
ahora te sudo, transpiro de ti,
mi carne es tu carne,
mi cuerpo es tu cuerpo,
mi vida es tu vida,
ya no soy quien fui,
dejé de existir,
ahora somos solamente tú.

Involúcrate en mi vida

Involúcrate en mi vida,
entra por la puerta de en frente,
abre mi alma y hurga en su interior,
revisa los cajones donde están
todas esas costumbres y anhelos.

Involúcrate en mi vida,
ve a mi oficina y revisa mi escritorio,
ponla a tu modo, ya es tuyo lo mío,
lo que soy y seré, lo que somos.

Involúcrate en mi vida,
manéjala, hazla rendir,
porque has transformado
lo poco que era,
en lo mucho que soy
ahora que estoy contigo.

Cinco sentidos

Quiero saber a qué sabe tu boca,
quiero saber a qué sabe el encuentro
de tus labios con los míos,
probar ese manjar que se me ha concedido,
quiero saber a qué sabes tú.

Quiero sentir como se siente tu piel,
quiero conocer la sensación
del roce de nuestros cuerpos,
quiero sentir lo que sientes tú.

Quiero oler el aroma de tu cuerpo,
fundirme en el aliento
que emanas al calor de un beso,
quiero impregnarme del olor
que me dice que eres tú,
que te señala como única,
como el sauzal, como la rosa.

Quiero ver lo que se ve en ti,
quiero ver esa belleza
que desplazas al andar,
que se desliza como la brisa
cuando pasas, cuando te presentas
y muestras eso que eres tú.

Quiero oír el timbre de tu voz,
escuchar el canto que me llega
cada vez que dices te amo,
cada vez que oigo lo que piensas,
lo que sea que digas,
lo que sea que expreses,
quiero oírte.

Cuando estás aquí

¡Ay, amor mío!, qué dulce es tenerte cerca,
me siento como cuando era niño
y jugaba en aquel rio que se hacia
con la lluvia, no importaba el mal tiempo,
lo aprovechaba para hacer barcos
que se hundían y yo reía sólo con el caudal,
con el frio, con la humedad, yo reía.

A veces me ensuciaba, la tierra se me pegaba
y era pesada, pero qué divertido era estar ahí,
yo me sentía feliz por momentos, por instantes
sin pensar en lo que vendrá o lo que se fue,
era ese momento sin futuro y sin pasado,
era ese momento solamente, ese momento.

Y sigo pensando que se puede revivir
esa loca idea de hacer eso, lo hago,
cada parte del tiempo que paso contigo
no tiene pasado ni futuro, es ese momento
que vivo una y otra vez con lluvia, con lodo,
con poco o con nada, pero rio junto a ti,
como aquel niño que ya se fue
pero que regresa sólo cuando estás aquí.

Cuántas

Cuántas formas existen,
cuántas maneras hay
para decirte te quiero,
te necesito, me haces falta,
no puedo vivir sin ti.

Cuántas frases se han formado
para expresar lo mismo,
la misma sensación,
el mismo sentimiento.

Cuántas palabras,
cuántas combinaciones
podré encontrar en el diccionario
para hacerte entender
que te quiero.

Cuántos momentos, cuántos actos
realizaré para darte ese mensaje,
para que te quede claro,
para que no tengas duda
que puedo, que quiero,
que deseo hacerte feliz.

Dormir contigo

Cuando te recuestas a mi lado,
suspiro entre tus poros
como lo haría en el campo,
me pego en ti amor mío,
no sé por qué, pero lo hago,
intento sostenerme de tu piel
como al pan el vago.

¡Ay vida!, qué bello es despertar
y saber que el beso que me das
sin palabras dice te amo;
a veces lo mencionas, que bueno,
porque es como la nube
que se vuelve un remanso,
me confirma que soy
el que ha de estar siempre
refugiado entre estos brazos.

No sé qué te pase a ti,
si te das cuenta de cuánto
amor te tengo, si lo has pensado,
el despertar contigo,
con tu cuerpo desnudo
me muestra que te vivo
como nadie puede vivirte,
te respiro, me respiras,
te siento, me sientes
y, no sé tú, pero yo te amo.

Entre mis versos

Te he buscado entre las ramas,
entre el aire y mis sueños eternos,
te busqué incluso aquella noche
que observe detenidamente la luna.

Entre los escombros de mi corazón
cuando alguien lo hizo pedazos,
te he buscado en el horizonte
de mis tardes más sombrías.

Tantas noches entre copas,
entre canciones que me hacen sentir,
sin darme cuenta de que estabas ahí,
entre estos versos que te escribo.

Es tu decisión

El destino, la vida, Dios o el universo,
tal vez, entre todos, haciéndonos bola,
actuando como si fueran una pandilla,
han conspirado para ponernos frente a frente.

Y caigo rendido ante la majestuosa
presencia de tu mirada,
me pongo nervioso, tenso,
de pronto no sé qué hacer
porque no quiero cometer errores,
no quiero echar a perder todo ese esfuerzo.

Me siento vulnerable, débil,
y quisiera tomar el control de esto,
pero estoy en tus manos,
bajo la decisión unánime de tu corazón,
tú decides qué hacer con todo lo que soy,
si lo tomas o lo dejas, es tu decisión.

Estoy a tu lado porque quiero

Estoy a tu lado porque quiero,
porque es el mejor lugar,
el más hermoso, el más cómodo.

Estoy a tu lado porque quiero,
porque me siento feliz,
me siento tranquilo,
porque aquí lo tengo todo.

Estoy a tu lado porque quiero,
porque nada puede ser mejor,
porque la vida junto a ti se ve
desde un ángulo maravilloso.

Estoy a tu lado porque quiero,
porque aquí siento que la vida
ya no me debe nada.

Estoy a tu lado porque quiero,
porque tengo la certeza
de ser el hombre más afortunado.

Estoy a tu lado porque quiero,
porque estando en tu presencia
qué más puedo querer.

Me amas

Me quieres mucho yo lo sé,
me lo dices en el desayuno
que siempre preparas,
en la manra que haces
de la casa un hogar.

Entiendo me amas,
cuidas mis camisas
como si fueran tuyas,
vas y escoges la fruta
pensando en mi gusto
más que el tuyo,
la cena se nota
que la haces diariamente para
un momento especial.

Entiendo que me adoras,
porque a pesar de mis
arranques sin razón,
sigues aquí, dando,
dándote a mí, sólo a mí;
debes amarme mucho,
para hacer todo lo que haces
de manera tan natural
que ni lo notas,
pero yo sí.

Me encantas

Me encanta encontrarte
en casa mujer mía,
me fascina ser recibido
por tus ojos y tu sonrisa
casi siempre con gusto.

Me encanta saberte mía
cuando estás conmigo
y cuando no, también.

Me encanta tener que pensarte,
lo quiera o no, porque siempre
estás ahí aferrada en mis días y noches,
aferrada a mi vida que es la tuya.

Me encanta saber que sabes
que te quiero y te aprovechas,
no siempre deliberadamente,
pero lo haces y me dejo
porque me encantas.

Me encanta cambiarte el nombre,
llamarte diferente de cómo te llaman los que
no te conocen tanto,
para mi tu nombre es
mi vida, mi amor, mi dueña.

Nos quedó chica la noche

Nos quedó chica la noche,
las horas parecían minutos,
las miradas bailaban al ritmo
de un cortejo natural,
se reconocían, hablaban,
usaron su propio idioma.

Nos quedó chica la noche,
el tiempo lo quise atrapar,
amarrarle una carga pesada
para que no pudiera avanzar,
el gusto de estar frente a ti
me hizo apreciar la vida.

Nos quedó chica la noche,
me faltó tomarte de la mano
e iniciar un baile en medio de la calle,
abrazar tu cintura, respirarte,
y cerrarte los ojos con un beso.

Nos quedó chica la noche,
pero sé que no será la última...

Nuestra vida

Quiero abrazarte sin asfixiante,
darte la libertad para que respires
aun cuando siempre esté a tu lado,
que sepas bien que podrás soltarte
en el momento en que lo decidas.
Quiero tomarte de la mano
sólo para que disfrutes el compartir
un camino, el que hayas elegido,
el que te guste y que estés consciente
que habrá alguno que desees pisar sola.

Quiero que veas en mi
lo que tu mirada no alcanza
a percibir de ti,
lo que te haga falta saber de tu vida,
el reflejo de lo que eres quiero ser yo.

Quiero ser tuyo no por definición,
sino por el cúmulo de experiencias
que hemos de vivir juntos,
por las palabras que tanto nos decimos,
por los pensamientos que van coincidiendo,
porque de pronto de tanto compartirnos,
tu vida y la mía, parecerán ser la misma.

Para ti

Me encanta estar a tu lado,
te observo y me pongo a pensar
en la habilidad de Dios para
crear tan hermosa figura,
eres esa flor que nace de la tierra,
tu aroma es único como tus ojos.

Pocas veces he podido sentir
la vida como la siento cuando te toco,
cuando en las noches me sonríes
y me dices te quiero,
sabes que te amo,
pero te gusta escucharlo siempre,
porque hay melodías que no cansan.

Eres ese amanecer que deseo tanto,
el nacimiento de una esperanza,
la promesa de vida que tuve al nacer,
la nostalgia que tendré al morir,
la razón por la que soy ahora,
el silencio de mis manos,
el grito de mis pensamientos,
la tranquilidad de mi alma,
y yo, sólo soy para ti, siempre para ti.

Permíteme decirte mi amor

Permíteme decirte mi amor,
ya sé que no te gusta,
que se te hace falso o que no debe ser,
pero es que me sale natural,
decírtelo a ti es como decir
por las mañanas buenos días,
buenas noches por las noches
o un hasta luego al despedirse;
es como un reflejo,
algo que no tengo que pensar,
decirte mi amor
es casi como llamarte por tu nombre.

Hacerte el amor

Quiero hacerte el amor,
comenzar por tus pensamientos,
adentrarme en tus ideas,
entenderlas, saber de ellas
tanto que parezcan mías.

Quiero hacerte el amor,
seguir por tus ojos,
conocer tu mirada cuando ríes,
cuando lloras, cuando reflexionas,
ver a través de ti, hasta que sea yo
el que vea la vida igual que tú.

Quiero hacerte el amor,
como acto seguido entender tus manos,
el tacto que poseen cuando bailan
con las mías, conocer cada línea
que muestran la lucha cotidiana
por la que has pasado.

Quiero hacerte el amor,
besarte durante horas, tomarme el tiempo
que sea necesario para dejar expresar
lo que sienten en cada suspiro,
en cada palabra, en cada segundo,
hasta que sepan a mí y yo a ti.

Quiero hacerte el amor,
más allá del cuerpo,
más allá de tus formas perfectas,
quiero hacerte el amor
con todo lo que eso significa,
para que al final de la vida
siga siendo yo el que esté a tu lado.

Si yo fuera pintor

Si yo fuera pintor,
sin duda ya habría hecho
 un cuadro en tu honor,
habría pinado tu silueta desnuda
como homenaje a la belleza
que te encarna,
haría un gran esfuerzo
por duplicar el paisaje
formado por tu rostro.

Buscaría la manera de representar
esa inteligencia que te caracteriza,
la fuerza de tus convicciones,
el humor con el que enfrentas los días,
el temple, la elegancia de tus pasos.

Si yo fuera pintor,
buscaría una mezcla especial de colores
para igualar la belleza de tus labios,
esos labios gruesos, carnosos que
al besar atrapan, que se vuelven
un constante deseo, una obsesión.

Trazaría las líneas que forman tus ojos
con todo el cuidado posible,
con la delicadeza inminente que se requiere
para dibujar la más importante de las obras.

Si yo fuera pintor,
ya habría cometido el atrevimiento
de plasmar en un lienzo tu piel de nube,
los profundos lagos que son tus ojos,
la suave calma de tus manos.

Pero no cuento con esa gracia,
soy un simple poeta que con letras
intenta describir lo hermosa que eres,
el gusto que me causa el haberte conocido,
el honor de haber transitado por tu piel,
el privilegio de entender, gracias a ti, el amor.

Silencio

Me gusta cuando no dices nada,
y nuestros dedos dicen todo,
bailan en silencio sin que nadie
lo note, de forma natural
platican, ríen, se mezclan,
se enamoran una y otra vez.

Es un lenguaje alterno que
aprendimos sin que nadie
nos lo enseñara,
pareciera que en una vida pasada
ya habían estado juntos
y estuvieran recordando
momentos felices que hoy
intempestivamente vuelven a vivir.

De pronto nos miramos a los ojos
con orgullo, como cuando vemos
a nuestros hijos jugar en el parque,
sonreímos y con un gesto tu sabes
que te digo te quiero.

Y ellos siguen, se aprietan,
sueltan y de pronto vuelven
a retozan libres en su mundo paralelo;
me encanta cuando no dices nada
y en silencio nuestras manos gritan te amo.

Sobre todo

Es cierto que habrá quien te diga te amo,
es verdad que lo puedan expresar
de tal manera que parezca sincero,
si las palabras solas dijeran todo,
todo sería muy fácil.

Es cierto que habrá quien te demuestre amor,
es verdad que, con algunos actos, detalles pues,
a veces uno llega a pensar que es,
que ese amor ahí está en las cosas que llegan;
pero si las cosas fueran amor, entonces,
este se podría pedir a domicilio.

Me encanta decirte que te amo, porque te amo,
hacerte un detalle de flores que puedas ver,
que puedas tocar, que signifique amor,
decirte algo que haga brotar
esa sonrisa de niño que no logras evitar.

...todo eso sería inútil
si no te das cuenta de que eres la mujer
más admirada que puedas conocer,
la más deseada de todas,
la que hace despertar todo lo que soy
y lo soy para ti porque te amo
y me encanta que lo sepas,
pero, sobre todo, que lo sientas.

Te amo

Qué manera tan rara tengo para amarte,
te amo de una manera excepcional,
como sólo yo sé amar,
tal vez no te guste, pero qué puedo hacer
si así amo.

Te amo como aprendí amar,
con la inconsistencia única que tengo
para amarte y demostrártelo sólo a veces,
no siempre, sólo cuando el humor así me lo permite.

Te amo como el mar,
a veces en calma, a veces me desbordo,
intento entrar en tu vida con toda la fuerza,
lo logro y luego me voy, cuando baja la marea
de este amor que te tengo.

Te amo y no sabes qué hacer
con este amor tan diferente,
tan repentino y alejado,
tan irresistible e incierto,
tan arrebatado e inconsistente,
intransigente y hermoso.

Pero te amo,
así, simple y llanamente te amo
en la distancia y en la nostalgia,
te amo en el recuerdo y en el deseo,
te amo ahora y no sé si mañana,
pero te amo.

Treinta y un días

No puedo pensar en la tristeza,
no puedo dejar de ver al mundo y a la vida,
sin esa grandeza que tú me inspiras al andar,
sin esa dulce mirada que canta y hace vibrar.

Es como un vicio incurable tu presencia,
un sentir constante que me lleva a seguir tus pasos,
a buscar tu vida, a refugiarme en tu abrazo,
a volverme loco cuando siento tu ausencia.

Es el fuego candente que corre por mis venas,
que llena mi cuerpo de vida, de alegría y de fervor,
es un amor que ciega mis sentidos y niega la paciencia,
para buscar tu abrigo, tu pasión y tu inocencia.

Es la agresividad sublime del mar abierto,
de la fuerza que puede crear un pensamiento,
del valor de enfrentar a cualquier advertencia,
de sentirte siempre, de sentirte cada momento.

Así es mi vida desde hace treinta y un días,
así he sentido tu vida, como penetrada en la mía,
como si te tuviese atrapada en la conciencia,
como una dulce condena que me obligo a cumplir siempre.

Tu presencia

El que estés conmigo me sienta bien,
no hay mejor remedio para mi melancolía
que el tenerte cerca, acabas con cualquier
tristeza, con cualquier mala vibra,
con lo que sea que no sea bueno.

Eres el remanso, la esperanza,
la mejor manera que tengo para pasar
mis días, mi tiempo está bien usado
cuando te tengo cerca, cuando tengo
la oportunidad única de abrazarte.

Me has levantado tú amor
de entre los muertos más muertos,
de esos que caminan sin esperanza,
de los que parecen nunca poder resucitar,
me has hecho vivir, vivir, vivir.

Ahora

Quiero regalarte todas las mañanas
el viento fresco, el canto de las aves,
caminar de tu mano como si
nada fuera más importante.

Me encantaría hacerte reír a diario,
convertir en carcajadas cada lágrima
que hayas derramado, cada momento triste
que hayas tenido, agradecer la ternura
con que me has mirado.

Te invito a comer un pastel esta tarde,
a entablar una conversación
que se disfrute tanto que nuestras manos
comiencen a tocarse sin que nos demos cuenta.

He pensado mas de una vez
en pintar en una pared blanca tu nombre,
para que cada vez que alguien pase
sepa que existe un hombre
que se ha enamorado de ti mujer.

¿Has notado cuántas veces la luna
se ha vestido de gala cuando
estás conmigo?, creo que siente celos,
es que he dejado de verla a ella
desde que llegaste a mi vida.

No podría quererte menos
de lo que te quiero hoy,
tu amor es como la hiedra
que no pide permiso para entrar,
para crecer y envolverlo todo.

Y aunque en más de una vez
nos hemos negado a esto,
resulta imposible pensarnos ajenos,
distantes, somos el resultado
de la suma perfecta,
de todo lo que hemos vivido.

Y es ahora cuando todo toma sentido.

OTOÑO

Hoy te he visto distinta

Hoy te he visto distinta, distante,
he buscado aquella ternura
única con que me mirabas,
ahora piensas lo que dices.

Hoy te he visto distinta, distante,
no sé dónde están aquellas
palabras dulces, suaves,
mi nombre cuando sale de ti,
parece que no es el mismo.

Hoy te he visto distinta, distante,
los espacios se han vuelto grandes,
nuestros lugares parecen ya no
pertenecernos, parecen, se sienten,
ajenos a nuestra historia.

Hoy te visto distinta, distante,
tus manos buscan la manera
de mantenerse lejos de las mías,
ya no juegan, no recorren,
no son las mismas, han cambiado,
su textura hoy se siente diferente.

Hoy te he visto distinta, distante,
hace frio, estoy confundido,
no sé qué hacer, qué decir,
me duele, me dueles, nos dolemos.

Hoy te he visto distinta, distante,
he dejado de ser tuyo,
me has soltado, me has abierto la puerta
y hay un mundo desconocido allá afuera.

Hoy te he visto distinta, distante,
siento la necesidad de irme,
quiero irme, pero no sé a dónde,
no se cómo, no me atrevo.

Buscando

Yo sé que estoy solo
en las noches que duermo,
a veces me hace falta tu cuerpo
 o el de alguien más,
pero en muchas ocasiones
disfruto esta soledad.

Y busco el amor perfecto,
lo busco y busco,
pero no te encuentro amor,
amor mío, amor desconocido,
te encuentro y huyo
para seguirte buscando.

Salgo a la calle
y me doy cuenta,
noto en las banquetas
que pasas y dejas tu huella,
que estás ahí en la falda,
en la blusa, en los ojos,
ahí estás mujer bella;
y te reconozco,
te observo, te imagino,
y me alejo para siempre.

Así es la vida de un poeta,
buscando, buscando,
aferrado al amor que encuentra,
y lo abandona
para seguir buscando, buscando,
solo, solo, entre sus letras.

Creencias

A veces te pienso,
no todo el tiempo,
sólo a veces,
porque resulta muy difícil
hacerlo siempre,
tengo más cosas en que pensar.

Pero te extraño,
a veces claro, porque no puedo
extrañarte constantemente,
tendría que dedicarme sólo a ti,
y no tengo todo ese tiempo.

Debe de ser porque te quiero,
creo yo, de una forma normal,
pero ¿cómo se quiere normalmente?
no lo sé, pero a veces creo
que te quiero como se debe de querer,
bueno, creo que así es,
y tú, ¿qué tanto me quieres?

Distracciones

A veces ni yo me entiendo,
hoy en la mañana te quise mucho,
tuve el gran deseo de estar contigo,
pero más tarde me distraje y ya no.

Después te pensé por un momento,
y otra vez el trabajo me hizo olvidarte,
pensé que era para siempre,
pero no, en la noche te recordé de nuevo.

Al día siguiente, nada, estuve muy ocupado,
anduve de aquí para allá, es que las actividades,
las citas, los pagos, el noticiero y tantas cosas,
que te apartan de mi atención.

No me entiendo, como es que esas cosas
me distraen y me alejan de pensar en tu rostro,
en tus manos que acarician,
tus besos, qué besos, son tan únicos,
que no entiendo cómo puedo distraerme.

Gracias

Me voy de ti antes que me odies
por no poder seguirte más,
tú no quieres a tu lado a un hombre,
lo que pides es un perro guardián.

Me alejo de ti, no hay otro camino
tu mundo y el mío ya no van,
tu sueñas con un gran castillo,
y yo con las olas del mar.

Gracias por tu cariño
gracias por intentar,
meterme en tu mundo
no fue un acierto,
que puedo hacerle ya.

Gracias por ese camino,
gracias por lo demás
créeme no
quise hacerte daño,
pero ya no puedo más.

Inconsciencia

Cuántas veces te he de decepcionar,
cuántos atropellos, actos de inconsciencia,
sabotaje a lo que fuimos, a lo que somos,
cuántas veces he salido con indiferencia
a lo que he dicho amar.

Cuánta inconsistencia entre lo que digo y hago,
cuántos impulsos debí reprimir para no fallar,
para no hacerte pasar un mal rato,
para hacerte creer que lo que digo es cierto,
que mi amor nunca te ha de faltar.

Cuánta inconsistencia entre los versos
y las caricias prometidas que se han secado,
que parecen que se han evaporado
en el trajín de lo cotidiano,
déjame ya, antes de que te haga daño,
abandóname porque es más fácil
la insolencia que la indiferencia.

MI silencio

Me sorprendió la vida, esa decisión
tan pronta, tan no sé, la prisa por borrarme,
hacer de mi recuerdo un papel que se rompe
y se tira a la basura, fue el derrumbe,
el desastre que me he tardado en entender.

Hago el balance entre lo que me amaste
y el peso de ese odio que no entendí de dónde,
cómo fue que apareció sin darme cuenta;
me duele tu coraje, el desplante de diva,
entiendo ahora fui sólo una negociación constante.

Tal vez fui una compra más en ese mundo
que es frio, en donde siempre se trata de sacar
el mayor provecho, fui una compra que no vi
porque yo nunca estuve en venta ...

...sin embargo seguiré cumpliendo mi palabra,
dije que yo no te dejaría y si tu lo hicieses
mi retiro habría de ser en silencio,
ni una palabra porque el dolor que tengo
es mío, no es tuyo, ni es para ti,
ese me lo quedo yo.

Mis manos tercas

Qué solas están mis manos,
se sienten abandonadas
ante el exilio al que
las he sometido,
ante la sequia
apartadas de la humedad
suave de tu cuerpo.

Se sienten desesperadas,
agonizan al no poder
aparearse con las tuyas,
en ese baile interminable
que protagonizaban
sin que nosotros
nos diéramos cuenta.

Y es que ellas no entienden,
ellas no saben, sólo sufren,
sólo se enfrentan de pronto
a ese desierto en que
las horas pasan despacio,
lentas, agonizantes,
como las del condenado.

Les digo que no se preocupen,
que no se desesperen,
ya vendrán otras manos,
pero se aferran al recuerdo,
son como niños, no saben
de otra cosa, no quieren otra cosa,
ellas en su corta consciencia
lloran porque se sienten solas, solas.

Nada más tu

Si me dejas otra vez
entonces trataré de olvidarte,
caminaré entre las calles
sin hacer caso de todo eso
que hace que te piense.

Me quedará la duda igual que a ti
si soy o si eres, si somos,
si no te atreves otra vez,
si no me dejas que te ame
como nadie podrá amarte,
entonces mañana tratarás
de imaginar si hubiera sido
lo que nunca supiste.

Nada de lo que hagas será suficiente
para entender que puedo quererte,
que esos ojos son los que me hacen
de cierta forma ser mejor siempre, siempre.

Eres esa hiedra, plaga, flagelo
que he tenido desde aquella tarde
en que tuve un encuentro con tus ojos,
el primero de todos, el mejor de todos,
con esa forma que veo, veo, veo,
y que no puedo pensar que en algún momento
pueda sin un beso, tu beso, apagarse.

Soy lo que soy, tal vez nadie,
pero debo de ofrecerte
sin tanto alarde o sin tanto transe,
tuyo, tuyo, sólo tuyo
hoy a partir de que quieras,
de que decidas tomarme,
soy y seré siempre tú, nada más que tú.

Nada queda de mí

Nada queda de mí, sólo polvo,
viento que pasa como yo he pasado
por tu tiempo, por todo lo que fuimos
y que dejamos de ser,
aunque en un rincón abandonado,
oscuro, sin cuidado alguno, siempre seremos.

Nada queda de mí, sólo un grano de tierra,
que llega al abrir la ventana, al recordar,
al no entender qué no fue suficiente
para alcanzar la plenitud, la felicidad,
que al parecer no supe cómo, no pude.

Nada queda de mí, pesaron más las sombras,
las voces que llegan de todos lados,
tan pesadas, tan fuertes que no te dejaron
escuchar lo que estaba gritando,
el deseo de un silencio, de esa quietud
que me hacía tanta falta.

Nada queda de mí, ahora sólo la ausencia
de uno para el otro, el vacío,
una cuesta nueva que he de subir
poco a poco, paso a paso,
hasta que vuelva a encontrar la luna,
porque la que tenia se apagó.

No muero de ti

No muero de ti, tampoco de amor,
ni de lo que haces hoy o lo que hacías,
no muero, aunque me asfixio en cada noche
cuando ese espacio que era tuyo está vacío.

No muero, aunque no me sienta vivo,
sigo adelante como un vagabundo
que no encuentra su lugar, su espacio
que es ahora tan grande, tan inmenso
sin todo eso que veía y veía, que pensabas
que criticaba, pero no, me gustaba verlo.

No muero en esta jaula inmensa
que se llama vida, veinticuatro horas
que se hacen inmensas cuando no llego
a donde siempre llegaba, a donde estabas
y que ahora ya dejaste de estar, ya no.

No muero de nada, de nada muero
porque estoy caminando sin tu mano
que se siente tan vacía sin la tuya,
sin poder abrazar sin motivo lo que abrazaba,
sin ver ese universo que se asomaba siempre.

No muero de ti, muero de ese sueño,
de la nostalgia que era planear lo que venía,
del miedo a no saber que ese lugar
que íbamos a construir con flores,
con pequeños detalles sería nuestro refugio,
muero de pensar que ya no piensas en mí.

No muero del cuerpo, muero del alma,
de la impaciencia que tienen mis horas
por saber si el futuro será mejor,
por ahí dicen mucho, lo repinten,
"lo mejor está por venir", claro la vida sigue,
pero tal vez, no sé, pienso tal vez,
lo mejor ya estaba aquí.

No necesito

No necesito a alguien que me quiera
cuando estoy contento,
cuando todo me va bien,
cuando hay alegrías que compartir,
cuando todo es próspero.

Tampoco necesito que me quieran
cuando soy romántico,
cuando soy un hombre de detalles,
cuando es muy fácil quererme.

Yo necesito alguien que me quiera
cuando estoy de mal humor,
cundo me deprimo y no sé qué hacer,
cuando estoy molesto con la vida,
con todos y con todo.

Necesito alguien que me quiera
cuando tengo ganas de pelear,
cuando no quiero hablar con nadie,
cuando no quiero ver a nadie,
cuando soy insoportable,
porque no será la última vez
que esté así y sólo por amor
se quedará conmigo.

Pensamiento

Tus manos, tus labios,
también tu pelo y por qué no,
tus caderas, tu vientre plano,
tus pies delgados, tus ojos tiernos,
el sonido de tu voz,
el aroma de tu piel, su suavidad,
tu sonrisa, esa sonrisa que irrumpe con todo,
que crea una pausa alrededor,
que distrae al más atento,
todo eso que eres,
ese universo de cosas buenas,
encantadoras, precisas, exactas,
bellas, únicas, son cosas que deseo,
quiero, admiro, anhelo
volver a tener.

Pobre luna

Cuando veo a luna y no estás conmigo,
me pregunto si se siente tan sola
como me pasa a mí en tu ausencia,
se ve fría, aislada de todo y de todos,
como cuando estas lejos,
como cuando no puedo verte y te siento.

Ha de haber muchas estrellas a su alrededor,
pero es terca, no sabe de otra cosa que de ti,
me pide que te llame, pero no es suficiente,
necesita verte, necesita percibir ese olor
que es tan tuyo y se ha vuelto tan mío
y tan nuestro.

Pobre luna, cómo te extraña, la veo triste,
pareciera caérsele una lagrima en el infinito,
se desespera, te extraña tanto que su luz
no llega a ninguna parte, se pierde,
se siente perdida, huérfana de las manos,
sin un camino a dónde dirigir sus pasos;
pobre luna, todo lo que sufre
por una noche en que no estás conmigo.

Polvo

A veces quisiera dejar de cumplir
años, meses, días e inclusive horas,
hay momentos en el cuerpo
se siente más pesado, más denso.

Tal vez debí haberme quedado
sólo desde el inicio hasta el final,
porque a quien más me he entregado,
más me ha lastimado una y otra vez.

Tal vez decida no seguir adelante,
entregarme al aire, a la tierra,
integrarme a todo y así siendo polvo,
amaré a todos sin ser un lastre.

Por mi culpa

Y sin distingo alguno merodeas en mis ideas
una y otra vez, no a diario, pero lo haces,
nuevamente sobresaltas como flor del anochecer,
untando en mi memoria el pesar del exilio
en que me encuentro por la distancia
nada agradable, desafortunada, insípida.

Mientras tanto pensarás que no te quise,
acabarás juzgando duramente ese
cinismo con el que me conduzco,
idearás una manera para someterme
ante la justicia divina, al destino iracundo,
sin piedad, sin nobleza alguna.

Debe ser porque lo merezco sin duda,
es poco lo que se puede sufrir ante
los embates de la desaparición repentina,
oscura, intransigente que cometí
so pena de haber conocido tu amor.

Solamente a mí se me ocurre postrarme
ante ti y pedirte perdón, no tiene caso,
no hay objeto válido en el intento,
tu tiempo es muy valioso, tú eres
oro que no se puede valuar, calcular,
sólo se puede dulcemente sentir.

Se te olvidó que estoy aquí

Se te olvidó que estoy aquí,
las cosas del diario dices, las carreras,
los pagos, las malas noticias, la economía,
todo te distrae, me quita tu atención.

Se te olvidó que estoy aquí,
por construir tus sueños,
alcanzar, según tú, el éxito que querías,
se te olvidó que nosotros era uno de ellos,
se te olvidó el nuestro, se te escapó.

Se te olvidó que estoy aquí,
esperando aquella mirada que me diste,
la que me conquistó, que nunca me cansó,
la extraño, hace tanto que no la veo.

Se te olvidó que estoy aquí,
mi cuerpo está esperando al tuyo,
recordando cómo celebraban la vida,
cómo eran uno del otro y sonreían de nada.

Se te olvidó que estoy aquí,
nuestra casa parece una estación de ese tren
que nunca llega, nuestra cama el anden
en el que las flores se marchitan,
en donde lo único que florece es la nostalgia.

Se te olvidó que estoy aquí,
y tu distracción es tanta que no has notado,
no te has dado cuenta de que al momento
en que se te deje de olvidar ya me habré ido.

Si decides

Si decides alejarte de mí
tendré que entenderlo,
no podría oponerme
por más unilateral
que sea tu decisión,
aunque no tomes en cuenta
nada de lo que pueda hacer,
decir o mucho menos pensar.

Si tomas tu bandera para
zarpar en un barco
donde yo no esté invitado
tendré que quedarme
en este puerto y decirte adiós,
con un pañuelo blanco
me verás despedirte
y desearte lo mejor.

Y sí habrán de mojarse mis ojos
al intento de evitar pensar
en esa condena a la que nos has
de someter ante la duda
de lo que habría sido,
ante la muerte prematura
de una historia sin fin.

Pero si decides quedarte un poco,
no me quedará otra opción,
irremediablemente te haré feliz,
buscaré bajo mi cama
el cofre de sorpresas
que he reservado para la ocasión,
para el momento mágico
en que te he de encontrar.
Sacaré de él los atardeceres
más bellos que se han construido,
el sol más brillante sobre el horizonte
húmedo como ese rincón tan tuyo,

en donde mujer te vuelves hembra,
en donde el cielo se siente poca cosa,
en donde me has poseer como nadie.

En uno de los compartimentos
están los días largos que he de caminar
a tu lado, aferrado como un niño
a ese globo que adora,
con el orgullo que debe ser
mostrarle al mundo que te pertenezco,
que me perteneces, que somos
lo que siempre hemos querido ser.

De lado derecho, están los esfuerzos
que haré al salir de cacería,
donde cada gota que corra por mi frente
estará gritándote te amo, te amo
y todo vale la pena si es por ti,
por ese abrazo que se siente como ninguno.

Y guardo en el extremo izquierdo,
en un rincón importante
la imaginación con la que he
de construir cada detalle,
esos que te harán entender
lo feliz que me puedes hacer
con esos ojos de luna,
con esos labios de flor,
con la fortuna que ha de ser
saberte sólo para mí, sólo mía.

Sólo una noche

Sólo una noche bastó para saberte
tan ajena como esa piedra traída por el mar,
tan distante como el viento que sopla
por tu vientre que tanto me gusta,
tan de nadie, ni siquiera de ti misma.

Una sola noche para cerrar un ciclo
que nunca existió, sólo en los sueños locos
de un poeta que no sabe hacer otra cosa
que soñar con el amor que no se cumple,
nadie es de nadie, mucho menos tú de mí.

Una sola noche en que fui inmensamente
afortunado al creerle a esa mirada,
a la servilleta que decía te quiero,
al abrazo que parecía ser sincero,
a esa historia que era un cuento corto,
una sola página, nada más una.

Me imagino que así debía ser,
no habría podido quererte más que esa noche,
habría de guardarla, dejarla intacta,
atesorarla como lo que fue, una sola noche,
esa en que se alejó para quedarse.

Te amo a lo lejos

Te amo a lo lejos,
te amo desde este rincón
de recuerdos que se pegaron
por donde pasaste;
las banquetas aún recuerdan tus pasos,
el barandal que tomaste está nostálgico,
la ventana que recibe aquella brisa,
parece llorar en las mañanas por tu ausencia.

Te amo a lo lejos,
te amo en los árboles que bailan
con el viento del atardecer,
como haciendo un intento por llamarte,
por pedirte de alguna manera que vuelvas,
escuchan el lamento de mi alma sollozante.

Te amo a lo lejos,
te amo en las aves que pasan
y quiero pensar van hacia a ti
y llevan mi mensaje.

Te amo a lo lejos,
te amo en las rocas que graban
en sus minerales el paso del tiempo,
el paso de este amor que se queda estancado
por estar así, lejos, lejos.

Mis ideas

Bueno es que, si hice el intento,
busqué la manera de gustarte,
de ser agradable hacia ti,
de ser lo que pensé que desearías.

Tal vez, tal vez no supe escucharte,
pero es que parecía que estabas
tan cómoda, sonriendo,
parecías feliz con todo eso,
pero creo que no, sólo parecías.

No sé eran mis ideas o mis deseos
los que jugaban conmigo,
te creyeron en sintonía porque,
si, efectivamente parecías perfecta,
y creí que lo era yo para ti,
pero eran mis ideas, era sólo eso.

Tu piel se sentía bien,
las charlas eran más que encantadoras,
interesantes, profundas, de pronto
me surgía la idea de que me veías
con tanto orgullo, parecía que me
mirabas como cuando vez un atardecer,
pero eran mis ideas, era sólo eso, mis ideas.

No te sientas culpable,
que cada cabeza es un mundo.

Un pedazo de luna

Me gustaría darte a probar un pedazo de luna,
te sentaría bien acompañada de un vaso con agua,
seguramente dormirías tranquila,
como lo has hecho tantas veces
cuando estás conmigo, a mi lado, aquí.

Creo que un pedazo de luna en tus labios,
te traerían un montón de sueños bellos,
de los que no te gusta despertar,
de los que quisieras repetir y no puedes.

Un pedazo de luna te daría la calma
que necesitas para sonreír completa,
para que tu rostro, tu bello rostro,
no tenga ni un sesgo de nostalgia.

Hoy yo me he comido un pedazo de luna,
para dormir tranquilo como lo hago contigo,
para soñarte, pero no cuando este despierto,
para no extrañarte tanto como lo estoy haciendo.

Yo no lo sé

Yo no lo sé, yo ni siquiera
puedo imaginar,
cómo es que en tus manos me enredé tanto,
cómo fue que en tus manos
me perdí, cómo fue,
yo simplemente no lo sé.

Yo no lo sé, si yo ni siquiera
conocía el amor,
cómo pudo ser que nada te importó,
el quitarme las fuerzas, el quitarme el valor,
el dejarme pisoteado, el dejarme sin amor,
yo no sé cómo pudiste,
yo no lo sé.

Yo no lo sé,
cómo pude haberme enamorado
de alguien como tú,
yo no sé qué es lo que hice,
para haberme merecido,
lo que tú hiciste conmigo,
yo no sé por qué el castigo,
yo no sé qué es lo que he hecho,
yo no lo sé.

Comenzar de nuevo

Quiero intoxicarme de ti,
requiero una dosis tan grande
de tus besos, suficiente para
borrar todo recuerdo,
para empezar de nuevo.

Quiero enfermarme en tus brazos,
caer rendido, perderme
en tu mirada, qué es tu mirada,
bálsamo de tus más profundos
suspiros que llegan como melodía.

Necesito matar todo el pasado,
renacer de entre tus piernas,
abrir por primera vez mis ojos
y encontrar tu rostro en la mañana,
que es como reflejo de vida.

Me hace falta morir en el grito
desesperado del amor,
ahogarme en tu piel blanca,
desgarrar la mía con tus dedos,
y comenzar de nuevo a vivir.

Extinción

Los poetas no sabemos amar,
decimos que sí, lo describimos,
hasta llegamos a creernos
que lo sabemos todo,
que somos expertos.

Nada de eso es verdad,
somos los más bajos, los mezquinos,
no merecemos más que morir solos,
deberían prohibirse los poetas,
no la poesía, pero si los poetas.

Nos vaciamos en el amor ideal,
y nos convertimos en la peor pesadilla,
vivimos atormentados en la perfección
del amor que nunca llega porque
estamos ciegos del corazón,

Los poetas somos seres inalcanzables,
somos un peligro, no valoramos
el verdadero amor hasta que se va,
hasta que nos retorcemos en soledad
y repetimos la misma mala receta
una y otra vez, deberíamos extinguirnos.

INVIERNO

Cómo olvidarme de ti

Ahora que te pienso y no estás
no logro apartarte de mi vida
no logro borrar tu mirada,
mucho menos tus caricias.

Ahora que te pienso y sólo estás
como una sombra en mis días
no logro dejar de recordar
tus manos, tus ojos, tu sonrisa.

Cómo olvidarme de ti
si no puedo borrarte de mí,
si eres parte de mi piel
de todo lo que puedo ser.

Cómo olvidarme de ti
si estás muy dentro de mí,
aunque trate de olvidar
tu recuerdo siempre está.

Confesiones

Confieso que no te he olvidado,
confieso que, a pesar de tanto tiempo,
de tantas cosas que he pasado,
confieso que sigues ahí.

Confieso que tú lejana presencia
aún me provoca vibraciones únicas,
confieso que me arrepiento
de aquella desaparición tan repentina,
tan desafortunada, al menos para mí.

Confieso que por las noches
en algunas ocasiones recuerdo
aquel antiguo edificio que fue testigo
de lo que fuimos, de lo que somos.

Confieso que nunca pensé
que tendría que confesarte todo esto,
que tendría que declinar a la búsqueda
en otro lugar de lo que tenía contigo.

Confieso que me he preguntado
una y otra vez qué habría sido,
confieso que esa duda me mata y
que aún no lo entiendo, no me entiendo,
así es, lo confieso.

Definitivamente

Definitivamente, no hay tiempo suficiente,
distancia aniquiladora, sucesos o circunstancias
que logren borrarte de mí.

Definitivamente, no hay fórmula química
que logre con una tableta o ungüento,
té, brebaje o limpia que me cure
del virus que lleva tú nombre.

Definitivamente, ni la lluvia, el fuego,
el movimiento de las placas tectónicas
o algún tsunami logrará llevarse
la sensación nostálgica que me provocas.

Definitivamente, es incomprensible
cómo es que estás tan lejos,
haciendo cada uno su vida,
haciendo como que todo está bien,
como si fuera normal,
aceptando sin remedio alguno,
la idea de no volver a verte.

Definitivamente, hay que hacer algo.

Dejar ir

Dejar ir no es perder algo,
es abrir la puerta para que alguien salga,
pero también para que otro entre.

Dejar ir no es quedarse solo,
es volver a tener la oportunidad
de escoger con quien estar.

Dejar ir no es abandonar,
es darle la oportunidad a ese ser
a que viva una nueva experiencia.

Dejar ir no es soltar,
es amarrar a ese individuo
a su individualidad, a sí mismo.

 Dejar ir no es claudicar,
es dar la oportunidad de emprender,
de crear nuevos escenarios.

Dejar ir no es olvidar,
es la oportunidad de recordar
y aprender de aquellas experiencias.

Dejar ir es un acto de valentía,
es una revolución que pocos
se atreven, es a su modo, vivir.

Desde mi soledad

Desde mi soledad
he podido aniquilar algunas bondades,
he transitado bajo la lluvia de pensamientos
que representan la sed de decir algo.

Desde mi soledad
he buscado el lenguaje del universo,
he tratado de escuchar lo que el aire
incansablemente trata de decirme.

Desde mi soledad
he percibido lo que el árbol guarda,
la sonrisa que le sobresalta
al dejarse acariciar por el viento.

Desde mi soledad
he escuchado las diferentes tonalidades
del ave que se postra frente a mi ventana,
el canto que aparenta venir de las estrellas.

Desde mi soledad
he podido apreciar el aroma de las flores
y de la tierra humedecida por el llanto de las nubes,
por ese llanto que es manifestación de la alegría.

Desde mi soledad
he podido imaginar tus ojos frente a mí.

Desintoxicación

Necesito urgente una cirugía,
una transfusión completa
y un cambio de memoria.

Requiero un donador de corazón
porque este que tengo
no ha dejado latir tu nombre,
con cada pulso distribuye
en todo mi cuerpo
una parte de tu esencia.

Tal vez una transfusión
completa pueda logar
desintoxicarme de tu aroma
que aún transpiro
después de tantas noches,
después de tanto.

Y para asegurarme
de que nada quede,
borrar mi memoria puede
ser que funcione,
olvidarme de tus ojos,
de tu sonrisa,
de tu dulce humedad tan mía.

Espero mis brazos
no sean tan tercos
como para preguntar por ti,
que mi pecho y mi sexo
no se aferren al tuyo,
como si aún se pertenecieran,
como si no pudiesen
estar el uno sin el otro.

Otra solución podría ser
arrancarme el alma
de un sólo tajo,
porque ni siquiera muerto
dejaría de extrañarte.

He muerto tantas veces

He muerto tantas veces
que no se sabe si existo;
he muerto tantas veces,
para tanta gente,
que tengo la sensación
de ser un fantasma.

He muerto tantas veces,
cada una es el fin de una historia
y el comienzo de otra;
he muerto tantas veces,
pero no me han sabido recibir
ni en el cielo, ni en el infierno.

He muerto tantas veces,
sin embargo, aquí sigo,
amando como siempre, la vida.

He muerto tantas veces,
tantas como las mismas
que he revivido.

El último verso

No entiendo lo que me pasa
no sé si te habré olvidado
o me he acostumbrado
tanto a tu recuerdo
que te has vuelto como
un hueso más de mi cuerpo.

No sé si estar contigo
me sirva para escribir
otro verso más,
porque una palabra tuya
bastara para abrigarme.

Siempre mi musa,
siempre la sombra
que está detrás mi puerta,
en pausa, en silencio
gritando por mis venas.

No podría quererte más
si estuvieras conmigo,
tal vez ese día escriba
para ti el último aliento
de este amor en verso.

En la noche

En la noche, igual que tú,
estoy muy solo,
estoy deseando un cuerpo,
no cualquiera, no el que sea,
estoy deseando el tuyo.

En la noche, llego y desearía
ser recibido por tu cintura,
por tus pechos, tus labios,
por todo eso, por todo.

En la noche encuentro
un laberinto de nostalgias,
de sensaciones que no llegan,
como las tuyas, como las nuestras.

En la noche te pienso,
te siento cerca, te siento mía,
me siento tan tuyo,
como el día en que andas,
como el viento que respiras,
te siento tanto, te siento.

En la noche te siento mucho,
te siento tanto que quiero,
quiero tanto estar en tus brazos,
estar respirando en tus labios, tanto,
y lo siento tanto y no puedo.

En mis sueños

No es sólo tu piel que extraño como siempre,
ni los suaves pétalos con que acaricias mi rostro,
no son tus labios dulces en los que navego,
ni la forma perfecta de tu vientre y de tantas
cosas que veo, en donde me pierdo, en donde muero.

No es tu cabello con el que juego y juego,
ni tu mirada de luna a la que le escribo,
mucho menos ese aliento del que me enveneno,
tampoco tu espalda en la que sueño.

Eres tú, solamente tú, que sonríes como el sol,
tu alma a la que protejo, tu mente a la que admiro,
tu manera única de ser lo que yo espero
sin que te pida nada, eres lo que eres
lo vi tantas veces en mis sueños,
y ahora que estas aquí amor, amor mío lo agradezco

Hasta cuándo

Nada soy ahora, soy el viento,
el relámpago que cae quien sabe dónde,
la hoja del árbol que avanza sin rumbo,
un grano de arena que se desliza.

Ya no soy quién, mucho menos dónde,
soy un fantasma sin cuerpo, sin mente,
soy el alma de algo que dejó de ser,
soy el que quedó fuera, lejos.

Ya sólo soy el recuerdo de lo que no era,
el intento de un sueño que se desvaneció,
que terminó como el mar que no termina,
que se vuelve inalcanzable, interminable.

Soy el volcán que se duerme, que se apaga,
que pareciera morir sin saber hasta cuándo.

Hoy he pensado en ti

Hoy he pensado en ti,
en las imágenes que dejaste en mí,
en las flores que te envidian,
en la agonía que es estar sin ti.

Hoy he pensado en ti,
en la dulce brisa que te acaricia,
en la mañana fresca que te recibe
y yo no estoy para notarlo.

Hoy he pensado en ti,
en lo mucho que la luna
se siente menos cuando tú apareces,
en lo mucho que me haces falta
para poder ser feliz.

Hoy he pensado en ti,
en lo tanto que extraño tus ojos,
en lo tanto que mi alma se hace trozos,
en lo tanto que sentí cuando te perdí.

Hoy he pensado en ti,
y no puedo dejar de hacerlo,
no puedo evitar el recuerdo,
no puedo dejar de darme de topes
por haberte dejado ir.

Manos nostálgicas

Mis manos no soportan más
la nostalgia de volver a acariciar
esos hermosos pechos que al roce
de mi cuerpo activan el profundo
suspiro al que le sigue un gemido
que se vuelve iracundo y después suave.

Mis manos no soportan más
la nostalgia del recorrido por tu espalda,
la caricia que daba a tu cuello, a tu cabello,
a las partes bajas donde a veces es suave,
donde a veces es dulce.

Mis manos no soportan más
la nostalgia de atraparte y poco a poco
dar un paseo por el húmedo recorrido
de tus labios, los unos y los otros.

Mis manos no soportan más
la nostalgia de entablar contigo
una relación que plantea
solamente la presencia del placer,
del gozo y la gratitud ante la vida.

Mis manos no soportan más
la nostalgia de vivir sin esa piel,
sin esa alma, sin ese cuerpo
que fácilmente atrae a mí
las ganas de vivir, de estar siempre
cerca, siempre juntos.

Me dueles

Me dueles en el recuerdo,
en los segundos, en los días,
en las noches, me dueles.

Me dueles en lo que pasa
y no te encuentro,
en la presencia de todos, me dueles.

Me dueles en este espacio
que se siente inmenso,
profundo, inalcanzable, me dueles.

Me dueles en la piel,
en el espejo, en el colchón,
en la mesa, en la silla, me dueles.

Me dueles en los pasos
que ya no escucho, en tu aroma,
en los caminos que ando, me dueles.

Me dueles en la pluma,
en el papel, en las palabras
que son tuyas amor mío, me dueles.

Me dueles porque te amo, me dueles.

Mi casa sabe y huele a ti

Mi casa sabe y huele a ti,
porque en cada rincón que veo
está impregnada tu presencia,
porque en cada lugar de esta estuviste,
y estás tú.

Mi casa sabe y huele a ti,
porque usaste todas sus áreas,
construiste una sonrisa en cada una de sus piezas,
una caricia que dejó huella no sólo en ella,
también en mí.

Mi casa sabe y huele a ti,
y me cuesta mucho trabajo entrar
y saber que no tocarás más la puerta,
que no te encontraré tampoco dentro de ella,
que eres un recuerdo de ambos.

Mi casa sabe y huele a ti,
y te has vuelto una sombra que pesa dentro,
cada vez que paso esa puerta,
y llego queriendo que estés
sabiendo que eso no será.

Mi casa sabe y huele a ti,
se respira tu esencia y es asfixiante,
es complicado no pensarte si ese aroma
se siente en cada vaso, en cada copa que
al igual que yo, extrañan tus labios.

Mi casa sabe y huele a ti,
y ya nunca será la misma,
ya no será tan cómoda,
ya jamás tendrá el mismo calor,
ya no será igual.

No soy yo, eres tú

Por qué te estoy dejando hoy,
dirás que soy una mala persona,
un perverso, que merezco, no lo malo,
sino el peor de los castigos.

Pensarás que la vida me hará pagar
por mi conducta con el mazo de la desdicha,
que tal vez degollará mis días y noches
con el filo de la soledad más dolorosa.

Y tienes razón, es muy probable que suceda,
llegarán las noches con el arrastre
del salado sabor del dolor y la agonía,
de la desesperanza al no lograr dormir.

Andaré nostálgico, serio, sin ganas de lo que sea,
sin ánimos de cualquier sonrisa, de todo,
y escribiré seguramente algunos versos
que harán llorar a muchos, recordar al menos.

Mientras tanto, tú harás de la vida una fiesta,
seguro encuentras el entendimiento en otro,
tu vida será como la quisiste a mi lado,
porque no es conmigo con quien quieres estar,
es la vida que quieres vivir y no soy yo, eres tú.

Al dejarte me abandono a mí mismo,
liquido las sonrisas que juntos arrancamos,
y las intercambio por el desafío de lo incierto,
que pareciera encarar la imagen de un desierto.

Te dejo y me dejo de alguna manera,
termino con lo que me inspiraba a vivir,
a sonreír e inyectarles a mis horas la vida,
y con ello retomes el camino que te habías trazado.

No te necesito

No te necesito para respirar,
aunque a veces siento que me ahogo
por ese recuerdo que asfixia,
que me corta la respiración.

No te necesito para entender la vida,
aunque esta no tiene sentido
ahora que te has alejado,
ahora que te has ido para siempre.

No te necesito para caminar,
aunque ya no encuentre una ruta
que valga la pena recorrer
si no lo hago de tu mano.

No te necesito para vivir,
aunque me sienta muerto por dentro,
aunque ya no entiendo para qué vivo
si tú ya no estás y no volverás.

Olvido

¿Que si ya te olvidé?,
no te confundas
me he acostumbrado
a tu ausencia,
a vivir en soledad,
con el recuerdo grabado
en cada parte de mi cuerpo.

¿Que si ya te olvidé?,
hay dolores que no se van,
nos acostumbramos a ellos,
al fin la vida sigue,
se disipan, pero no desaparecen.

¿Qué te puedo decir?,
el viento te llama,
mi colchón te extraña,
el espejo es un vacío,
mis manos no se están quietas,
el piso de mi sala está nostálgico,
no sólo le haces falta a mi cuerpo,
sino a todo lo que está
a mi alrededor.

¿Qué si ya te olvidé?
Las paredes de la casa no han podido,
cómo lo iba a hacer yo.

Perdóname por haberte querido tanto

Perdóname por haberte querido tanto,
perdóname por haber puesto mi vida en tus manos,
por haber dedicado en algún momento todo a ti,
por haber entendido a Dios en el momento,
en el instante en que me encontré con tus ojos.

Perdóname por haberte querido tanto,
perdóname en serio por haber arriesgado mi alma
frente a ese precipicio al que me enfrenté
cuando tomaste por primera vez mi mano.

Perdóname por haberte querido tanto,
perdóname por haber pensado que había un paraíso,
por haberme convencido que el cielo estaba aquí,
en la tierra que pisas, en el abrazo que me dabas.

Perdóname por haberte querido tanto,
perdóname por haber perdido la razón,
por haber dejado que la brújula de tu sentido del humor
me guiara hacia la nada, hacia un mundo desconocido.

Perdóname por haberte querido tanto,
por haber pensado que tus pechos,
tus labios y tu vientre eran mi razón,
la inspiración para ser lo que tú esperabas.

Perdóname por haberte querido tanto,
por haber creído que había llegado a la cima,
que no podía aspirar a nada mejor,
que tú eras la flor, el aroma, el sabor,
el mejor sonido que podía escuchar.

Perdóname por haberte querido tanto,
perdóname porque a pesar de tanto que te he querido,
de tanto que te he escuchado, saboreado,
olido hasta impregnarme de ese aroma tan tuyo,
ya he abandonado tal convicción.

¿Qué es lo que soy sin ti?

¿Qué es lo que soy sin ti?
Un manojo de nervios que no sé cómo funciona,
no sé cómo es que no se han derrumbado,
sucumbido sin ese aroma tan tuyo,
sin los pétalos que te forman,
pero andan caminando por las avenidas,
sin ganas, sin rumbo, sin gloria que conseguir.

¿Qué es lo que soy sin ti?
Un montón de chatarra vieja,
las partes de un modelo descontinuado,
que ya no se hace, que no tiene sentido.

Así tránsito por el tiempo,
sin ganas de vivir, esperanzado,
deseoso por algún momento,
con un poco de suerte,
la compasión de tu alma te invite,
aunque sea como un gesto de bondad,
de humanidad hacia este pobre enamorado,
me dé la oportunidad de volver a verte.

Tal pareciera

Tal pareciera que jamás dejaré de extrañarte,
tal pareciera que nada de lo que hagas,
nada de lo que digas y pienses
hará cambiar de opinión a mi corazón,
que tal pareciera estar lidiando una batalla
sin tregua, a muerte, con la razón.

Tal pareciera que nunca será suficiente
el tiempo y la distancia en que te encuentres,
lejos, fuera de mi alcance,
para que tenga como desenlace, el olvido,
un futuro que te sea indiferente.

Tal pareciera que estarás en mi vida
de una manera u otra, siempre presente,
recorriendo tu recuerdo por mis venas,
grabado en la memoria más elemental
de mi vida, de lo que soy y seré.

Corazón en pausa

En el andar por la vida,
nos llegan momentos
distintos a los de antes,
las reacciones ante el placer,
ante las caricias del alma,
se reciben distintas.

No es que te vuelvas
insensible o intransigente,
hay momentos de pausar
algunas cosas del corazón,
aprender a vivir con uno,
en comunión con las ideas,
descubrirte y darte a ti.

Entregarte a la libertad,
porque es necesario vivirla,
aprender a vivirla, saborearla,
como tantas cosas y después,
tal vez después, una vez
que te soportas a ti mismo,
aprenderás que hay otros
más fáciles de tener que tú.

La siguiente primavera

Me quedaré con las ganas,
el beso profundo que un día llegó,
se ha secado ante la ausencia
de tus labios, ante el desapego,
el abandono de los tuyos.

Mis brazos también se vaciaron,
dejaron de tener tu cuerpo,
el calor se volvió hielo
ante la generación de tantas ideas,
ante la invasión de razonamientos.

Mi mirada se ha perdido,
se ha vuelto mendiga, la convertiste
en buscadora de no sé qué,
ya no sabe hacia donde voltear,
ha perdido el camino.

Y el alma, qué te cuento de ella,
está como aquella cabaña abandonada
en medio de la nada o de todo,
las telarañas comenzarán a surgir,
ella intentó ser hogar de alguien y no pudo.

Sin embargo, algún día llegará
la siguiente primavera...

Estoy bien

Estoy bien, llego a casa,
no hay quien me reciba,
busco qué cenar, el menú
es el de siempre, escaso,
sin embargo, estoy bien.

Me levanto y preparo el café,
lo bebo escuchando
las tragedias del día anterior,
pensando en lo que sigue,
arreglo mi cuarto, lo hago
por mi cuenta y para mí,
estoy bien.

Estoy bien, llego a la oficina
y comienza la rutina
de solucionar lo de otros,
me quedo el mayor tiempo
posible, pero estoy bien.

En las noches, después
de escribir algo, de escuchar
alguna melodía que me agrada,
me recuesto en mi cama,
en el desierto de mi cama,
pero estoy bien.

A veces pasan las horas,
un torbellino de ideas,
recuerdos, anhelos que llegan,
y dan las tres, las cuatro,
pero estoy bien.

Cuando salgo, estoy bien,
sonrío, me divierto mucho,
es posible que sea el alma
de la fiesta y me preguntan,

cómo estás, yo sólo respondo,
estoy bien.

Y todos dicen, qué bien está él,
el que a nadie recibe,
el que se acostumbró a comer sólo,
el que disfruta de esa individualidad
que tanto se pregona,
el que es capaz de viajar solo,
que bien está él.

Que bien está el, dicen,
cuando tenía con quien vivir,
no se pudo acostumbra a eso,
es que las manías de la soledad
no lo dejan, añora esos tiempos,
él está bien así, solo, en su mundo.

Que bien está el,
así haciendo lo que le place,
yendo a donde quiere,
estando por momentos
con quien quiere,
al que le sobran los amigos,
al que le sobran las mujeres,
al que le falta el amor.

Estoy bien,
bueno eso piensan todos.

Riesgo

He amado profundamente,
he sentido más de una vez
la ilusión más grande,
el sueño más divino,
he sentido el corazón
reventarse por unos ojos,
he tocado las nubes
con el tacto del envoltorio
maravilloso de una mujer,
he amado con cada célula
que me recorre por dentro.

También he llorado,
también más de una vez
me he encerrado para dejar
salir la humedad del dolor,
he sentido como se parte
el alma por una caricia,
me he quemado en la hoguera
de la soledad que congela mis días.

Me ha dolido el amor
y se refleja en los huesos,
en el estómago, en el hígado,
en las uñas y en el cabello,
en el aire que respiro
que se siente más denso,
me ha dolido ciertamente
más de lo que puedo soportar,
y aun así estoy dispuesto
a volver a amar.

DEDICATORIA

A mis hijos:
> *Ana Paula y*
> *Oscar Mauricio*